右脑

开发智力游戏220个

编文　王明明　晨敏等　　绘图　新龙工作室

金盾出版社

右脑开发智力游戏 220 个

编文　王明明　晨敏等

绘图　新龙工作室

金盾出版社出版、总发行

北京太平路 5 号（地铁万寿路站往南）

邮政编码:100036　电话:68214039　83219215

传真:68276683　网址:www.jdcbs.cn

封面印刷:北京金盾印刷厂

彩页正文印刷:北京四环科技印刷厂

装订:海波装订厂

各地新华书店经销

开本:787×1092 1/16　印张:15.5

2009 年 2 月第 1 版第 1 次印刷

印数:1～8 000 册

ISBN 978-7-5082-5479-1

定价:32.00 元

（凡购买金盾出版社的图书,如有缺页、
倒页、脱页者,本社发行部负责调换）

写给爸爸妈妈的话

　　3-6岁，在心理学上被称为"儿童早期"或"幼儿期"，在这一时期，幼儿大脑重量将发展到成人脑重量的90%。此时，有意识地加强左右脑开发，将对成年后的创新能力有十分积极的促进作用。为此，我们特编写此书，内有226个右脑开发游戏，希望能使孩子想像能力、空间认识能力、形象认知能力及组合能力有所提升。

　　走进游戏世界，让孩子在游戏中学习，在学习中获得快乐。

　　有趣的画面，生动活泼的文字描述，特别能激发孩子的好奇心和求知欲，能全面均衡地开发大脑潜能。愿此书能让您的孩子更聪明！

目录

目录

目录

目录

看图想数字

请你仔细看认真想，图中的这些物体像哪些数字？请把与物体相应的数字填在 □ 里。

　　水对淘气狗的生活非常重要。首先，每天的洗脸、刷牙是不可少的。请你开动脑筋，说一说水的各种用途（不少于4种）。

淘气狗每天都要进山植树。现在，山上已形成了大片森林，你能说一说，树木有哪些用途（不少于4种）？

淘气狗跟着妈妈到布店买布。店里的布真多，"妈妈，布有多少种用途？"淘气狗问。你知道妈妈是怎样回答的吗？

半圆和圆的图画

半圆　圆

淘气狗想告诉你，如果在半圆和圆形上随意填画上几笔，就会出现生动有趣的画面。信不信由你，不过，你最好先试试。

圣诞老人的大口袋

　　热心的圣诞老人背着大口袋匆匆忙忙出了门，要赶在圣诞节前为孩子们准备好礼物。圣诞老人的大口袋里准备装什么礼物呢？你能先想像一下吗？说得越多越好。

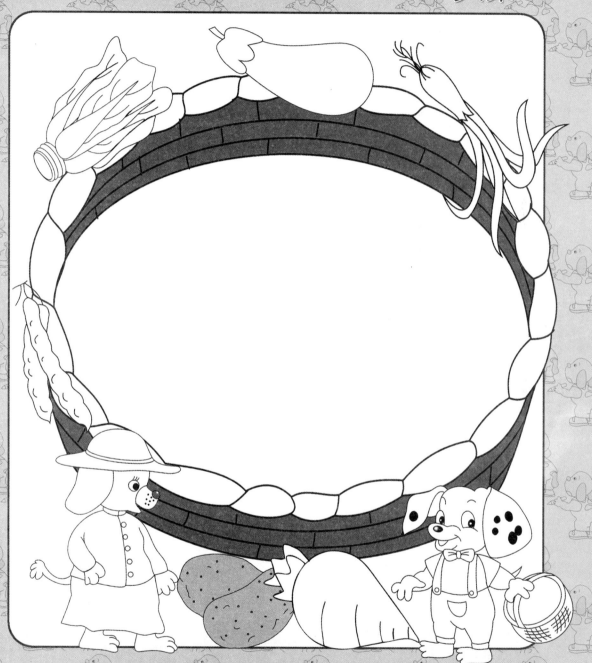

妮妮和妈妈提着篮子去买菜，想一想，她们能买些什么菜回来呢？请你把买到的菜画进篮子里，看你能画出多少种。

图中有7只可爱的小羊。请你用3个圆围起来，将它们平均分开，该如何分呢？

猫发现玻璃门内有一只小老鼠，它扑了过去，却没有逮着。你知道为什么吗?

沙漠遇险

　　淘气狗和主人到沙漠旅游，在只有仙人掌的丛林中迷路了，随身带的水、食品也没有了。怎么办呢？你有什么办法能帮他们摆脱危险，请说一说。

会变的图画

淘气狗摆弄着面前的四种图形，一会儿拼画一个人脸，一会儿出现一个台灯，一会儿又变成了一把雨伞……你只要大胆地想象，就能用四种基本图形，画出许多有趣的画来，快把你拼画出的图画画在大图中。

可别小瞧这几团绒线，它也可以帮助你发展想象力和创造力哟！请照图用绒线摆出各种图案，也可以自己摆出其它各种图案。

变化的脸谱

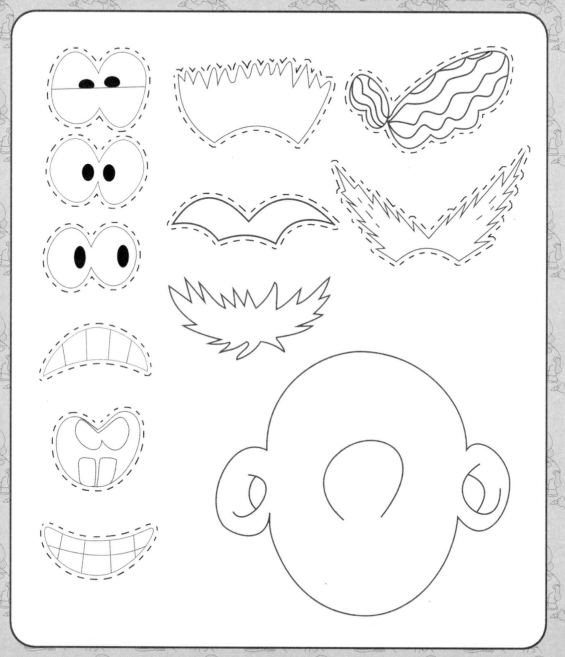

淘气狗为你提供了很多脸谱道具，你可以把它们剪下来
或临摹下来，组合成多种变化的脸，很好玩的，试试看！

上面这些图可能是什么东西？请你大胆想象，说得越多越好。

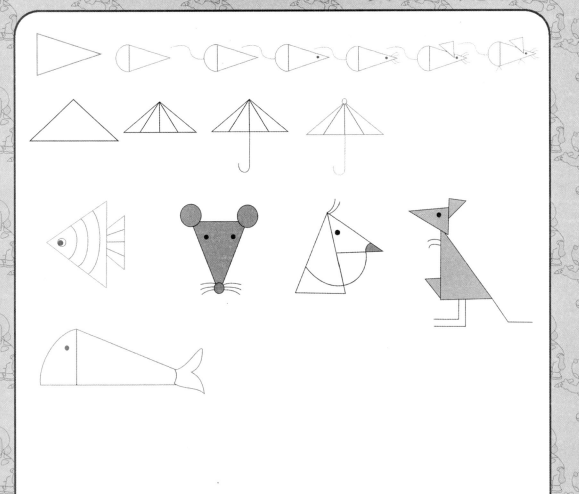

给三角形填画几笔，三角形就会变，变成海狗、袋鼠、鱼、伞……快来画一画吧！

我能利用一个圆的图形，画出几十种不同表情的脸，
你能吗？请在空白圆内填上你想画的人物表情图。

如果你对淘气狗手中的图形只添画几笔或转换一下位置，
就可以变出不同的图形，你能用它变出新的图形吗?试试看。

除了画出的几种方法，还有哪些方法？请想一想，说一说。

冬天，漫天大雪，寒风刺骨，小男孩想赶快回到暖和的家中。这时候，他该怎么办？请你为小男孩多想几种办法！

　　淘气狗过河到对岸去玩，可是河面上既没有桥又没有船，
淘气狗究竟用了哪些办法过河的呢？请看图想一想。

淘气狗从飞机上跳了下来，没想到降落伞没打开，太危险了！快给它画个降落伞吧。尽管危险，但它还是要求降落伞越漂亮越好！

狐狸和小老鼠

　　淘气狗讲故事：小老鼠刚从洞口出来，就被狐狸抓住了。小老鼠请求狐狸，狐狸就放了它。后来怎样？请看图把淘气狗讲的故事继续讲下去。

和谁对话

在这里，每组对话所问非所答。请按提问的文字的内容，找到相对应的回答问题的内容，并把正确对话者的代表数字填在○里。

淘气狗说了什么

我说，请妈妈帮助我写

我说，请妈妈帮助我写

我说，请妈妈帮助我写

请仔细看这三幅图，这里发生了什么事情？淘气狗看见后，说了什么话？请让妈妈帮你把话填写在图旁边的虚线上。如果对每幅图能有多种不同的说法，那你的想象力真是了不起！

你能仔细为这幅画涂颜色吗?淘气狗不想对你限制什么,
只要求你充分发挥想像力,把颜色涂得鲜艳漂亮!

这些画都是淘气狗没有画完的，你只要添上几笔，就会
变成一幅完整的画了，你愿意帮淘气狗吗？

兔兄弟是一对双胞胎，常常被人们认错，你有什么办法把它俩明显地区分开来（比如：在衣服上做记号；在身体某一部位找不同点等）？

一模一样的房子

别墅小区里的房子很漂亮，但特别难找，因为房子盖得一模一样，客人常常走错，怎样才能把住在这里的淘气狗、咪咪猫和乖乖兔三家区别开来？要动脑筋想一想呀！

假如你有一朵七色花

　　故事《七色花》中的小女孩有七个花瓣的七色花，一个花瓣可以实现一个愿望，七色花满足了小女孩七个愿望。那么，假如你有一朵七色花，你想让它为你做些什么呢？请大胆地想像吧，要不要淘气狗帮你想呢？

摘苹果

想一想，小男孩怎样才能不被淘气狗咬着，又能摘到树上的苹果呢？

这幅图中的淘气狗蹦蹦跳跳多么快活，可惜缺少颜色。
请你根据自己的喜好，涂上你喜欢的颜色，涂得要漂亮哟！

淘气狗为小朋友画了3组图，请你根据每组图的内容编两三句话。例如：第一组图可以说"小熊在河里捉鱼"；"河里有小熊喜欢吃的鱼。"当然，你编得越多越好。

看·想·说

一句话

小朋友，请你在每一行图中选2—3幅，根据图意，组成简单的一句话。你能想出多少句话？当然越多越好啦！

假如没有太阳

假如没有太阳，地球将变成什么样？除了画面里的情景，你还设想出可能发生怎样的事情？

绿色的太阳

　　淘气狗说："我希望夏天的太阳变成绿色，这样，我不必在烈日下伸长舌头喘粗气了……"小朋友，你想让夏天的太阳变成什么样？请充分发挥你的想像力，把你的想法和愿望画出来吧！

找相似

只要仔细想一想，许多事物之间都有相似之处，比如眼镜和放大镜，都是用来看东西的。请你找一找，图中有相似之处的交通工具、日常用品和食物。

天热的时候

这些方法能降温吗？

　　炎热的夏天，高温酷热，人们热得难受，于是，想出各种降温的办法：洗澡、游泳、纳凉……还有哪些办法？请说一说。

假如你迷路了……

假如你在森林里迷路了，肚子饿了怎么办？想睡觉怎么办？想和外界联系怎么办？想想办法吧，办法越多越好。

这是发生在淘气狗身上的故事，使它难以忘记。究竟发生了什么？请你仔细看图并给故事编结尾，用你的想象力可以多编几个。

淘气狗有许多好看的花手帕，每块手帕上的图案都能编成一个有趣的故事。请你看图编，编得越丰富越好。

淘气狗想干什么

淘气狗在海边忙碌了好几天，一会儿搬木头，一会儿做旗子，一会儿又装木柴……它究竟想干什么？你从画面上能看出来吗？

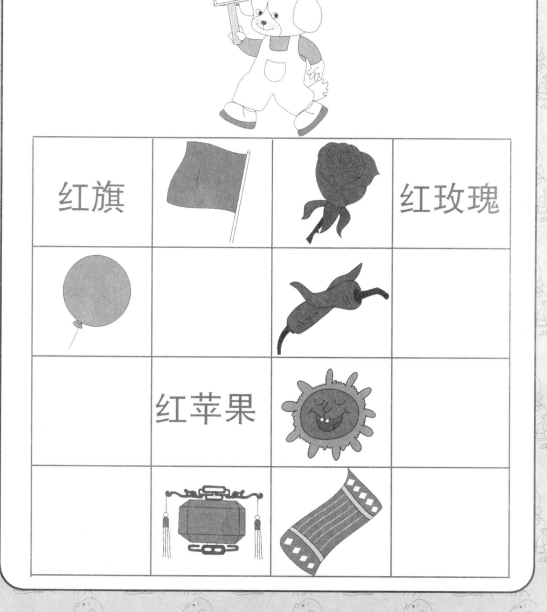

红旗			红玫瑰
	红苹果		

你喜欢红色吗？你认识"红"字吗？请你用"红"字组词，分别在空格里或写词或画画。

1角 YI JIAO

2分 ER FEN

1分 YI FEN

5分 WU FEN

2分 ER FEN

2分 ER FEN

5分 WU FEN

1分 YI FEN

1分 YI FEN

1分 YI FEN

2分 ER FEN

1分 YI FEN

?

淘气狗想从盒子里取一角钱买东西，盒子里有1枚1角、2枚5分、4枚2分和5枚1分的硬币。可以有多少种取法？

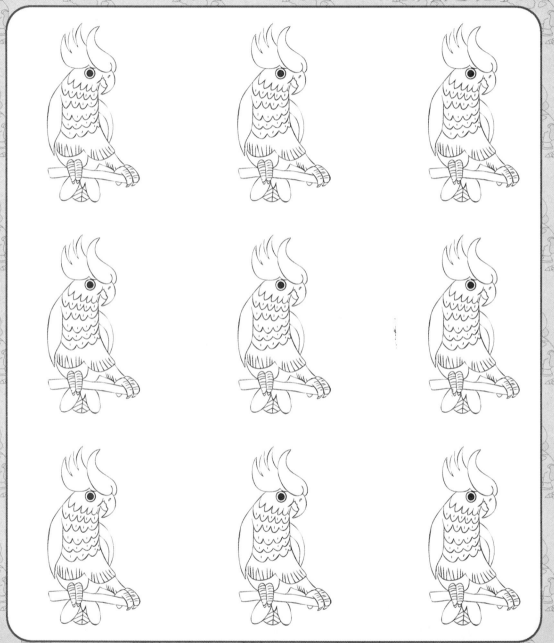

淘气狗养了九只漂亮的鹦鹉，它想用三条直线把鹦鹉分成五组：1只、1只、2只、2只、3只。想一想，淘气狗该怎样分？有几种方法？

你想当艺术家吗？那么就请把你的作品放进画廊里展览一下吧。请把你喜欢的图画填画进图中的画框内。好了，展览快开始了！

新毛衣

　　淘气狗要妈妈为它织一件新毛衣，希望毛衣上有它想要的图案，请你按淘气狗的要求，把毛衣上的图案设计出来。

淘气狗买来10棵树苗，种在自家的果园里。按照园艺家的要求，必须栽五行，淘气狗该怎样栽？谁来帮它想一想。

犀牛和小鸟

这个故事有趣吗？读完后，你能为故事再取个名字吗？动动小脑筋哟！

犀牛个大皮厚，长着锐利尖硬的角，谁也不敢欺负它，就连狮子都让它三分，但它却被身体上的小虫折磨得十分痛苦，没有一点办法。为了舒服点，只好常到泥水中浸泡，涂抹泥土。

有一天，几只小鸟发现，犀牛身上的小虫正是它们要找的那种美味小虫。于是，它们怯生生地问："犀牛伯伯，我们可以捉您身上的小虫吗？

犀牛一听，高兴地说："当然，这下你们可帮了我的大忙了！"

从此，小鸟留了下来。它们经常替犀牛清除身上的小虫，成了它的清洁工。而犀牛为小鸟提供小虫，成了小鸟的美味餐桌。它们成了一对谁也离不开谁的好朋友，好搭档。

你喜欢绿色吗？请你动动脑筋，给图中是绿色的物体涂上绿色，千万不要涂错哦！

采果子

淘气狗陪着小主人妮妮，到果园里摘果子，请你先想一下，妮妮的篮子里将要放进什么水果？把水果画进篮子里（品种不限）。

暴风雨

下了几天大暴雨，淘气狗家旁边的湖水不断上涨。大街上将会怎样？江河湖坝将会怎样？小朋友，请你想像一下，用生动的语言描述出来。

吃西瓜

天真热，小猪贪吃大西瓜。一个、两个，淘气狗真为小猪担心，如果继续吃下去，小猪将会怎样？请你提醒一下小猪吧。

　　淘气狗生气时，样子很好笑，每当这个时候，它能说出让人惊奇的词语来。比如："瞧你这怪样子！" "讨厌！"等。请你想一下，它还能说出什么样的语言来？想得越多越好！

淘气狗睡得正香，突然一个响声惊醒了它。发生了什么事情？外面黑得吓人，什么也看不清楚。请你在天空画一个月亮，为淘气狗照照亮。

淘气狗为小猪和小老鼠设计的房子一模一样，使它俩常常走错门，险些造成大祸。请你想想办法，怎样才能把它俩的房子区分开？想的办法越多越好。

怎样解决交通拥挤的问题

淘气狗一直想着一个问题：地面上的人和车太多了，每天交通堵塞。假如给一部分人背上螺旋桨，让他们飞上天空，地上的交通问题就可以得到缓解。小朋友，还能有什么办法？快帮淘气狗想一想吧！

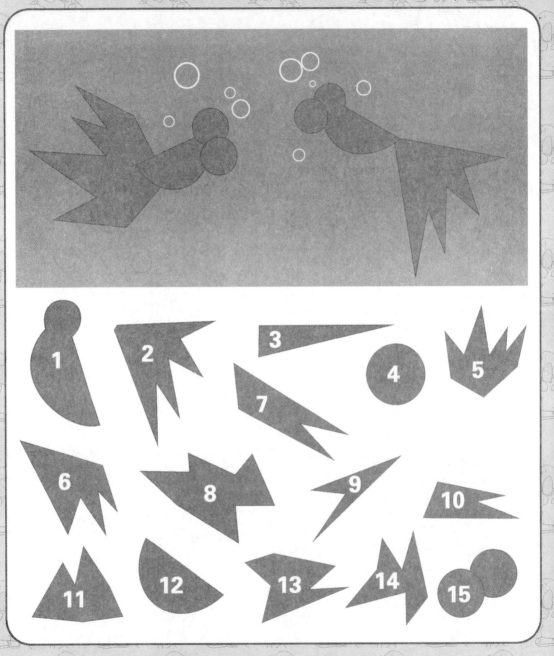

图中的这两条金鱼是由15块图形中的哪几块拼成的?
只要仔细看,认真想,找到答案是不难的。

软软的绳子也能摆成图画？你看，这几个图都是用绳子摆弄成的，多像呀！如果你动动脑筋，还能摆出许多其它图形，快动手试试吧！

胖胖猪其实一点也不笨，就是有点懒。瞧，从今天开始它要改掉这个坏毛病，要给自己的东西归归类。胖胖猪该怎么做呢？请你为它指点一下。

胖胖猪按照树的生长规律画了几幅画，但它忘了标出顺序号，你能标出来吗？

图中的每两件东西是配在一起的。是哪两件呢？请用
彩笔为同类的两件东西做上相同的记号。

小兔向胖胖猪提出了一个问题："这棵树几岁了？你根据什么知道的？"你能替胖胖猪回答吗？

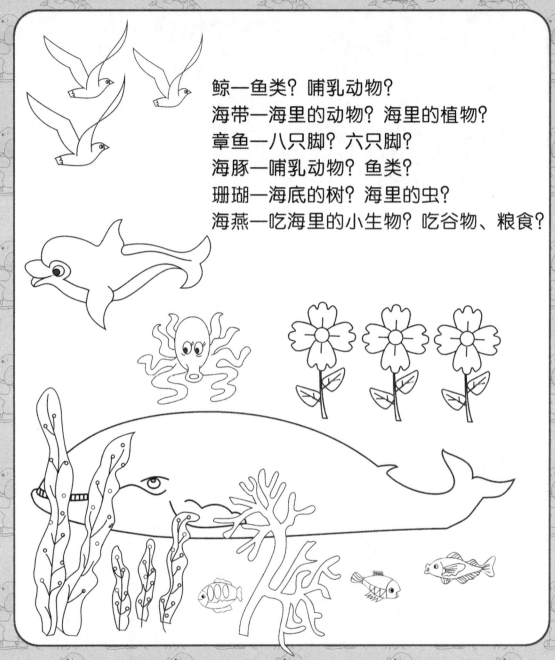

鲸—鱼类？哺乳动物？
海带—海里的动物？海里的植物？
章鱼—八只脚？六只脚？
海豚—哺乳动物？鱼类？
珊瑚—海底的树？海里的虫？
海燕—吃海里的小生物？吃谷物、粮食？

好奇的胖胖猪参观海洋馆，它不停地提出许多问题，如果你能正确回答完全部问题，请将图中的小花涂成红色；答对五题，涂成绿色；五题以下涂成蓝色。

这是为什么

胖胖猪始终弄不明白，刺猬一见狐狸就缩成一团。这是
为什么？

　　胖胖猪来到工地，看见人们都在忙碌着，好不热闹，人们究竟都在干什么呢？请认识小图中的物体，并在图中找到它们。

找蔬菜

胖胖猪特别喜欢吃蔬菜，请你帮助胖胖猪把图中的蔬菜都找出来。

胖胖猪在河边看到了一些动物宝宝和它们的妈妈。你能帮动物妈妈找出它们的孩子吗？

可恶的老鼠

狐狸	青蛙	熊	大象	鼠夹	猫头鹰
鹰	公鸡	山羊	燕子	猫	蝙蝠

胖胖猪的农庄里来了许多可恶的老鼠。胖胖猪被咬得伤痕累累。谁能帮胖胖猪消灭这些老鼠呢？请在小图中选择。

在农场里，胖胖猪有许多的朋友和家人，它想让大家认识一下。这不，它们都在这儿呢。

找不相同的东西

上图中有两件东西和其它东西不属同类，请找出来。

画时针

时间 7:00

时间 12:00

时间 5:30

时间 2:00

时间 10:15

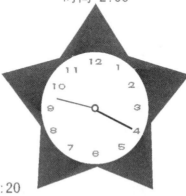

时间 8:20

胖胖猪的六个钟表都缺少指针，请你按照图中所给你的
时间，帮胖胖猪把时针安在钟表上。

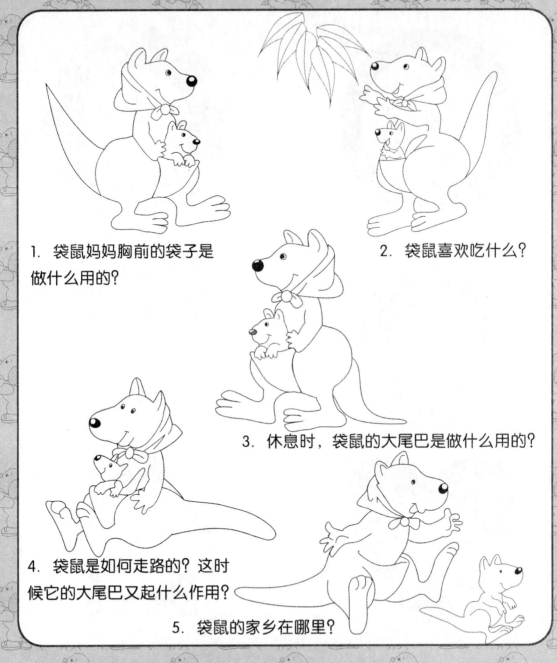

1. 袋鼠妈妈胸前的袋子是做什么用的?

2. 袋鼠喜欢吃什么?

3. 休息时，袋鼠的大尾巴是做什么用的?

4. 袋鼠是如何走路的? 这时候它的大尾巴又起什么作用?

5. 袋鼠的家乡在哪里?

如果你能正确地回答我提出的五个问题，那么你就是袋鼠的好朋友了。

狗

鱼

草

猫

鹰

蜂蜜

骨头

刺猬

熊

老鼠

蜗牛

山羊

好客的胖胖猪请狗、熊、刺猬、鹰、羊到它家里做客，它准备了许多好吃的东西。这些东西分别是为谁准备的，你知道吗？

胖胖猪的玩具

胖胖猪玩的塑料动物玩具和铁皮玩具小汽车掉进了深深的土坑里了。它可以用哪些办法把玩具取出来？

在雷雨天

这是一个电闪雷鸣的大雨天，胖胖猪和它的朋友们急着避雨。谁用的避雨方法最安全？谁会有危险？为什么？

狗为什么爱伸舌头

狗爱伸舌头有三种答案，你猜猜看，请选择：
1、想喝水 2、想吃东西 3、散发热量。

这是谁的尾巴？快来找回自己的尾巴呀！

　　朋友们发现，胖胖猪的果园怪怪的，错误多多，错在什么地方？这些东西应长在什么地方？请简单说明。

画记号找关系

请把图中的动物按动物类别分类,并给同一类动物画上相同的记号。

哺乳类 ★ 鸟类 △ 鱼类 ○ 昆虫类 □ 两栖爬行类 ◆

胖胖猪捡到一块马蹄形状的磁铁，它和小狗一起玩起
磁铁游戏来。面前的哪些东西能被磁铁吸起来呢？

胖胖猪采了一些没有叶子的花，显得光秃秃的。它很想给花配些叶子，应该用哪些叶子呢？

听觉：听

嗅觉：闻

视觉：看

味觉：尝

触觉：摸

我们是用感官来感觉外面的世界的，上图中的哪些东西是靠下图哪部分感官感觉出来的？

我们该进哪一组

　　胖胖猪把家里的东西都分类整理好了，可它做的事并不是十全十美，它把一些东西落下了，这一些东西应该放进右图中的哪一组，请你快帮帮胖胖猪吧。

　　动物管理员胖胖猪把所有的动物都关在了一个笼子里，它认为这样管理起来方便省劲，岂不知发生了许多让人伤心的凶杀案件，就这样，它都不知道原因在哪里，你知道吗？

谁混进来了

你知道吗？每类东西都有自己的相似处。在这里，每一格的图中都有一件东西和其它东西不是同一类。是哪一种？请你指出来。

胖胖猪指着这些图，提出一些问题：在它们中谁生活在水中？谁生长在陆地？谁飞翔在天空？请按要求涂色。

●空中的为红色，▲陆地上的为绿色，◆水中的为蓝色。

胖胖猪的生日

　　胖胖猪过生日，朋友们都来祝贺。惟有生活在哪里的朋友，永远不能亲自前来祝贺。这是为什么？

森林里要举行音乐会。长颈鹿想参加歌唱表演。胖胖猪却不同意，只让它做拉幕服务。你知道这是为什么吗？

胖胖猪想做木工活，它该选用哪几种工具？请在图中找出来。

太阳的影子

胖胖猪想画一张太阳和影子的图画。可它不知影子
该画在什么位置。你能帮助它吗?

相关连的物体

请在上下图中找出相关连的两个物体，说出两者之间的关系，并互相连线。

小鸟病了

小鸟病了，胖胖猪和朋友们都想去看它，你知道它们中谁能到树上看望小鸟呢？

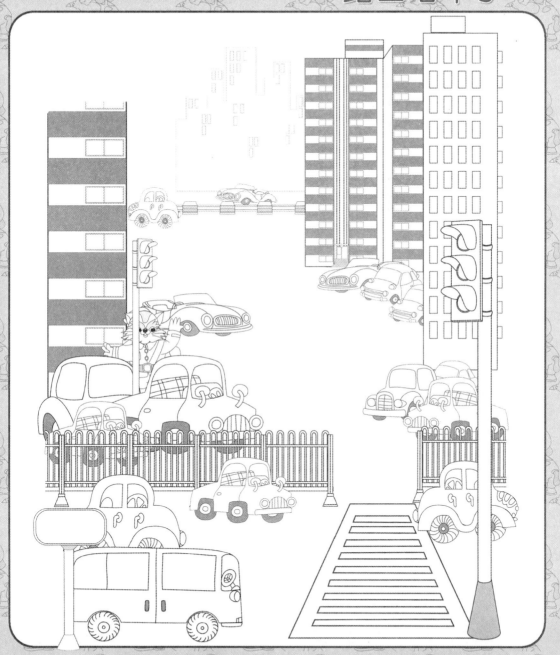

今天路口堵车堵得很厉害，谁来维持交通秩序呢？

做鞋子

　　胖胖猪做鞋匠了。它为大象、公鸡、螳螂、章鱼、蜈蚣做鞋子。你知道它为这几只动物各做多少只鞋子？谁的最多？谁的最少？谁根本就不需要鞋子？

　　胖胖猪每天的时间表是这样的：6点起床，7点吃早餐，8点上幼儿园，中午12点睡午觉，下午5点回家。请从图中的钟表上把以上几个钟点找出来。

大树和家具

大树告诉胖胖猪："你家的许多东西都是用我的身体做成的。"胖胖猪想了想觉得有道理。请说说看，图中的哪些东西是用木材做的？说得越多越好。

图中放着好多东西，哪些能吃？哪些不能吃？快告诉胖胖猪。否则，它会做出蠢事的。

喝咖啡

　　胖胖猪请朋友喝咖啡。每只杯子里各放一勺咖啡、一块糖。小猴要喝的浓些，小狗要喝的淡些。胖胖猪该把哪杯给小猴，哪杯给小狗呢？

该挑选哪双鞋子

　　胖胖猪带小妹去买鞋。鞋店里有那么多鞋子，有大的有小的，有男鞋有女鞋，它该挑选哪双鞋呢？

粗心的画家

　　胖胖猪画画，把几位穿白大褂的叔叔的工作地点画错了，可见它是多么粗心。小朋友；你能指出它的画错在哪里吗?

胖胖猪回答不出的问题

有一天，聪明的小狗指着图片上的动物，向胖胖猪
提出一个问题：这些动物居住在哪里？胖胖猪回答不出来。
哪位小朋友能帮它找出正确答案（请在动物与它们的家连
线）？

小猪肉食馆　　小猪素食馆

胖胖猪同时开了两家餐馆，肉食馆和素食馆。在前来吃饭的动物中，谁进哪个餐馆？你知道吗？

煮饭

　　妈妈不在家，胖胖猪只好自己烧饭。米饭刚煮开，盖子就被溢出的米粒顶了起来。胖胖猪想：是把饭汤舀出一碗，还是干脆打开锅盖？哪种办法好呢？请根据你的生活体验，帮助胖胖猪想想办法吧。

软和硬

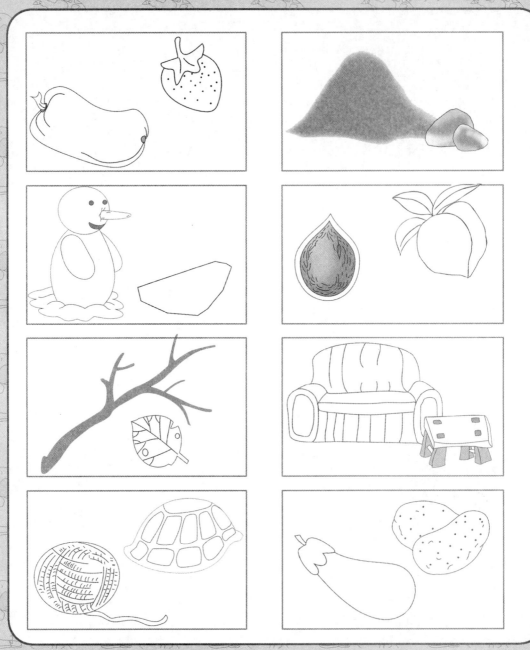

上面每组图中的两样东西，哪个软哪个硬？

请你按照这些动植物的生长顺序给上图写出正确的
顺序号。

美丽的鸟园

这是一座美丽的鸟园。凡属于鸟类，都可入住其中。
别看胖胖猪平时笨笨拙拙，可它一下子就看出来有一种
动物不属于鸟类。你找到了吗？

在蓝色的海水中，游动着千姿百态的各种海洋动物。
胖胖猪和鲸的对话很有意思。它们俩谁说得对？

它是昆虫吗

夏季的一天，昆虫们在草地上大聚会。凡属于昆虫的小家伙都来了。在入口处，守门员不知道该不该把蜈蚣放进去。小朋友，你说呢？

狮王要召见哺乳动物的臣民。胖胖猪把它的好朋友大乌龟带来了，被狮子训了一通。你知道为什么吗？

胖胖猪来到了一个奇怪的城市，大街上没有任何标志，人们在这儿怎么生活呢？为此它要把下图中的标志都安装在合适的位置。你不想帮帮它吗？

大街上的标志

社区医院

人民邮政

淘气的胖胖猪

　　趁妈妈不注意的时候，胖胖猪把所有的盖子都掀开弄乱了。它想复原回去，可怎么也弄不好。请你快帮帮它吧，给相应的物体连线。

大家说说看，谁的耳朵长？谁的脖子长？谁的鼻子长？谁的胡子长？谁的尾巴长？又是谁的腿儿长？

大雪过后，山坡上一片洁白。胖胖猪要出去滑雪，它
该穿什么衣服呢？请选出合适的衣服并涂上你喜欢的颜色。

胖胖猪买菜

妈妈要胖胖猪去买菜，要买胡萝卜、茄子、冬瓜、土豆，可胖胖猪分辨不清这些蔬菜。小朋友，请你帮它认一认，好吗？并打"√"。

漂亮的房子

乖乖兔住的小区，房子都很漂亮，如果你仔细观看，就会发现，这些房子俩俩相同。请把它们找出来。

做游戏

乖乖兔和小朋友们玩游戏，五分钟的时间游戏场景就变了。两个游戏场景有何变化？你只要认真看图就会发现。

　　乖乖兔画了两幅看似相同的图，其实，下图比上图少了四样东西。哪四样呢？请对照上下图，在相同的物体上打"√"，剩下的便是那四样东西了。

一样的小动物

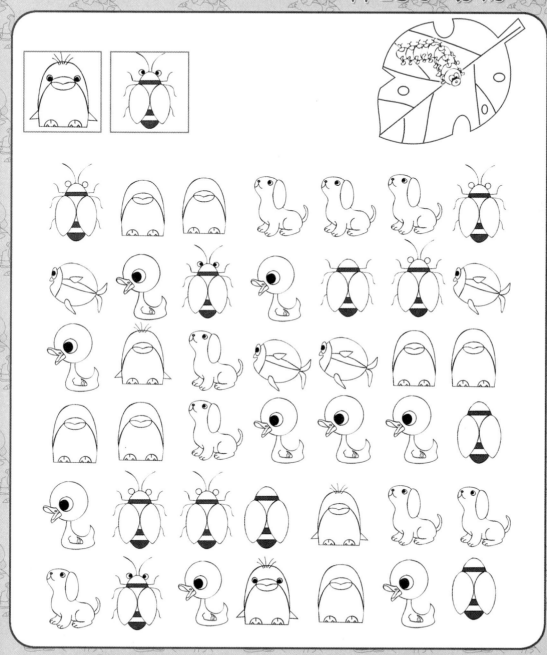

请在大图中找出与小图一样的小动物，并打"√"。

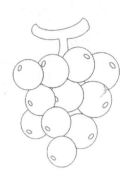

水果娃娃排成"一"字形（如小图），并藏在大队的水果方阵中。请按水果娃娃排的队形把它们找出来，并涂上颜色。

谁的影子

一束阳光射进厨房，出现了许多影子。这是谁的影子？和乖乖兔一块找一找。

不知谁暗中使坏，在咪咪猫和乖乖兔之间，设置了
一个让咪咪猫讨厌的老鼠迷宫。咪咪猫每次去找乖乖兔
玩儿，都很不情愿地通过迷宫。它是怎样通过的呢？

yú
鱼

tù
兔

xiàng
象

yáng
羊

乖乖兔特别喜欢连点画线，因为能出现让人惊奇的
图画。依据彩图的图形，把点连起来，你会吗？

连点画线

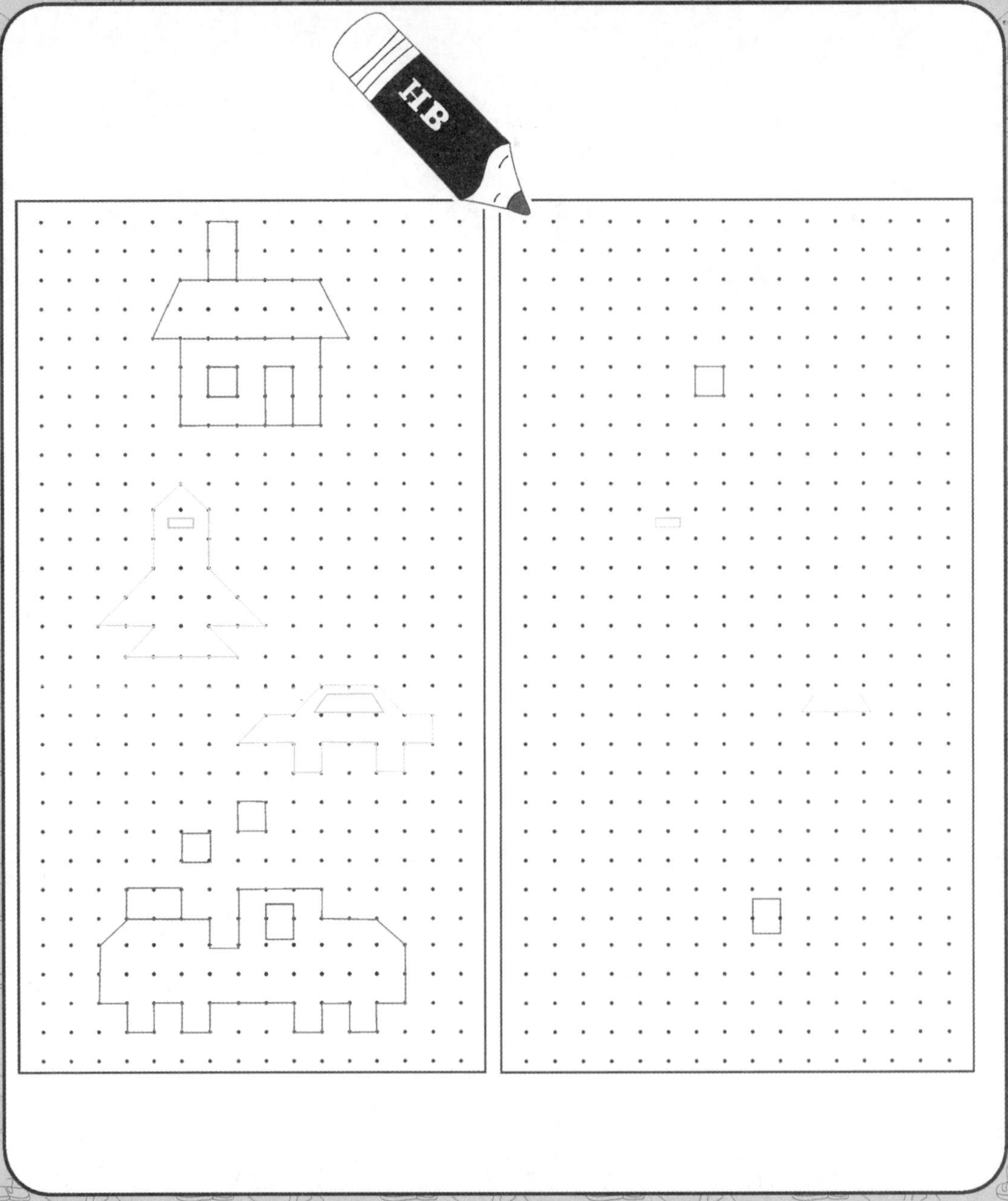

乖乖兔认为连点画线太容易了。是这样的吗？你照左图的样子，在右图中连出相同的图案。

这两幅图片有12处不同点，你找到了吗？

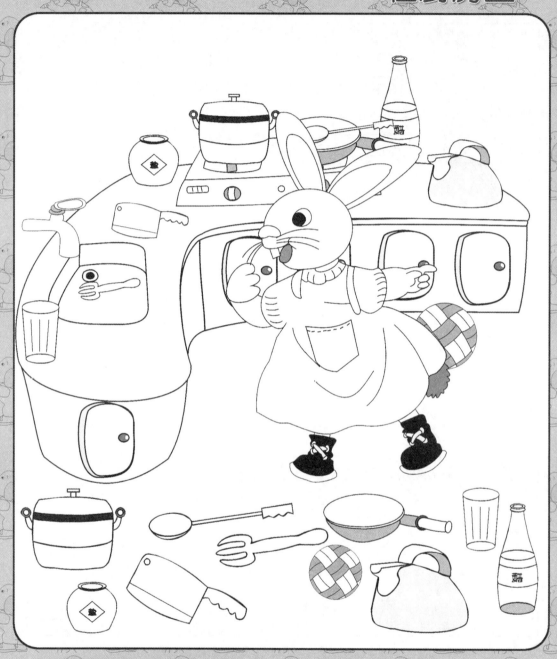

在乖乖兔的厨房里，有10种物品，其中有一种与其它不同类。你找到了吗？

漂亮的蜘蛛

乖乖兔在草叶间发现了一张漂亮的蜘蛛网，仔细看，
这张网竟是一个有趣的迷宫。你不想试着走一走吗？

乖乖兔画了两幅图。请你仔细看上下两图，你能发现少了什么吗？

这是乖乖兔全家去郊游的照片，下面的剪影却是从照片上复制下来的。你能把它们都找出来吗？

不完整的图形

以上图中的大乖乖兔为标准，请在其余8张乖乖兔图中找出不完整的地方，并标上记号。

小狮子捕猎

不远处，小鹿正在吃草，小狮子看见了，口水直流，
它想快点抓住小鹿。小鹿发现后立刻逃跑，但必须穿越
一个迷宫小路。小鹿应该走哪条路呢？

上面的五个物体中有一个是乖乖兔的房间里没有的，
你找出来了吗？

乖乖兔过生日，收到许多生日礼物，其中有它最喜
欢的电动小飞机。你能绕过众多礼物找到小飞机吗？

小女孩正在刷盘子，乖乖兔想帮帮她。它该怎样走才能到达厨房？

现在，乖乖兔很危险。危险在哪里？你看出来了吗？

寻找乖乖兔

淘气狗想找乖乖兔玩，可是就是找不到它。乖乖兔藏哪儿去了？快找找看。

缺少哪一块

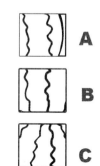

A

B

C

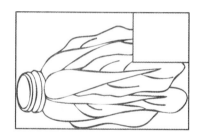

A　　　　B　　　　C

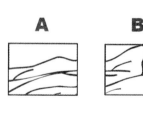 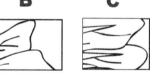

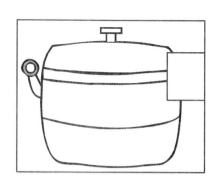

A

B

C

在每一组图中，右图中缺少的部分是左图三部分中的哪一个？找出来并画上"O"。

乖乖兔的剪影

老奶奶为乖乖兔剪了六片剪影，但其中只有一个是真正的，请为乖乖兔找出来。

迷宫陷阱

小老鼠掉进迷宫陷阱，乖乖兔怎样才能救出迷宫中的小老鼠？

池塘是小青蛙的家，那里住着15只小青蛙，你能找到吗？

钓鱼

两只猫坐在河边钓鱼，它俩钓到了吗？各钓到了什么？

地上有许多碎纸片。乖乖兔仔细地把它们拼起来，竟然出现了想不到的画面，原来是自己的照片呀。真好玩，你也来试试吧！

　　乖乖兔发现，图中动物和它们的影子有许多处不同，这是根本不可能发生的问题。有多少处不同？请你一一指出来。

刺猬在乖乖兔的菜园里偷吃蔬菜，请你在1分钟内帮乖乖兔找到它们。

老奶奶的13只猫

为了让乖乖兔高兴，老奶奶为它找来13只小猫。这些淘气的小家伙就藏在老奶奶的周围，你能找到吗？

补台布

乖乖兔有时也很淘气，竟然给台布剪了个洞。怎么办呢？妈妈只好用布补，该用哪块布补呢？

找相同的画像

这是乖乖兔和笨笨猪的画像，在图中的动物里，能找出许多它俩的画像。请你找出来，并画上线框。

乖乖兔的照片

乖乖兔逛公园拍了许多照片，其中的5张照片，分别是在公园的什么地方拍的?

这幅画里有许多动物，如果你能在三分钟内全部找到，
那么就是被乖乖兔认可的聪明宝宝。

美丽的果园

美丽的果园

这里的两个果园都是乖乖兔的，粗看完全相同，细看却有10处不同，你找到了吗？

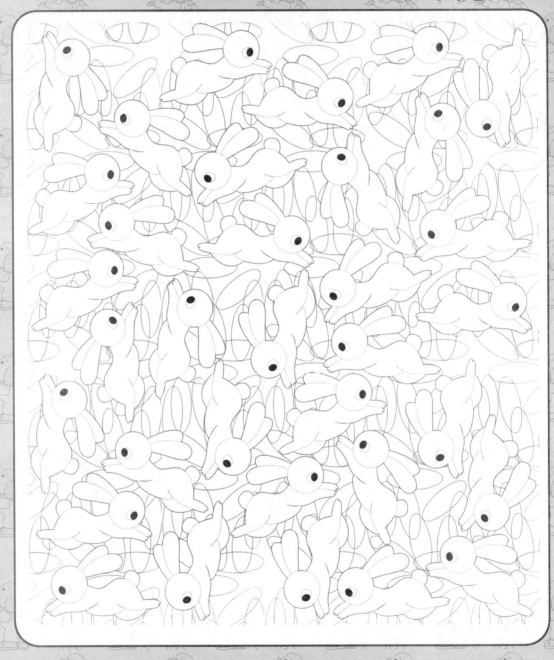

乖乖兔

乖乖兔被魔法师轻轻点了一下，立即变出34个乖乖兔，它们藏在哪里？请找出来。

24件东西

乖乖兔把东西搞得乱七八糟，要把这些东西分开，很不容易。数数看，一共有24件呢！

小老鼠特别喜欢乖乖兔，总想找它玩，就是找不着。你能帮帮小老鼠吗？

乖乖兔想用8块不规则的图形两边相拼，拼成下边的
四个几何图形。它应该怎样组合呢？请连线。

上学路上，乖乖兔和笨笨猪只顾说笑，却没发现书包里的东西都掉了出来。请仔细看图，在这些东西中，哪几样东西不是上学用的？

找相同的鱼

乖乖兔想在大图中找到同小图一样的鱼，但它怎么也
找不全，你快帮帮它吧！

美丽的花园

每天，乖乖兔都要到花园来玩儿，因为这里有它的许多朋友。你想认识它们吗？当然，首先必须找到它们。它们在哪儿呢？

乖乖兔去找松鼠玩儿，但松鼠正在大树上采松果。怎样通过大树迷宫才能找到松鼠呢?

这是乖乖兔在大海边拍的两张照片，你看它有多么快活。仔细看图，竟然有10处不同点，请找出来。

上图中的鱼是一条完整的鱼，而下图中的六条鱼却是
不完整的，各缺少哪一部分？请在缺少部位画"O"。

哪些不属于乖乖兔

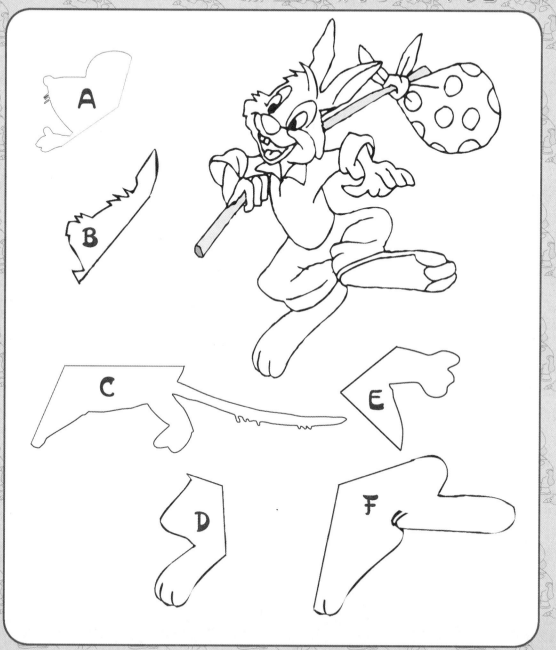

在大块图中，有三块是不属于乖乖兔身上的，你能找出来吗？

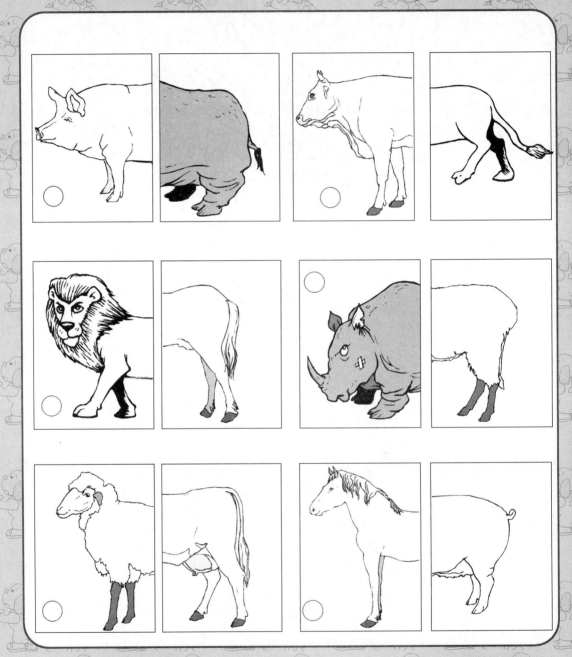

乖乖兔画动物，把动物身体的另一半画丢了。请你帮助这些动物找回它们的另一半。

两只小鹿

两只看似一模一样的小鹿从森林走来，细心的乖乖兔
发现它俩的10处不同，你发现了吗？

小朋友，请你用一张白纸按照图样画下来，再把每一部分沿虚线剪下来，准确地拼贴在一起，然后再涂上颜色，一只风度翩翩的青蛙先生就会出现在你的面前。

画脸谱

咪咪猫在一天中遇到几件让它情绪变化的事情，请你先弄清楚每幅图的内容,再来确定咪咪猫的表情，然后给它画上准确的脸谱。

fáng
房

jī
鸡

chē
车

tù
兔

图中有许多个小黑点，如果把一个个小点用线连起来，出现的图形会让你吃惊的。这是咪咪猫最喜欢做的游戏之一，你不想试试吗？

huā
花
niú
牛
yā
鸭
yú
鱼

把黑点连起来一定要仔细耐心。连好线后，千万不要忘了涂颜色呦！

画小狗

咪咪猫为它的朋友小狗画像，瞧它把每一个步骤画得多么清楚。你不想学着画画吗？快参加进来吧。

可爱的小男孩

　　这是咪咪猫为它的小主人画的像，看上去挺好玩的，你不想画画吗？

折纸、拼贴小狗

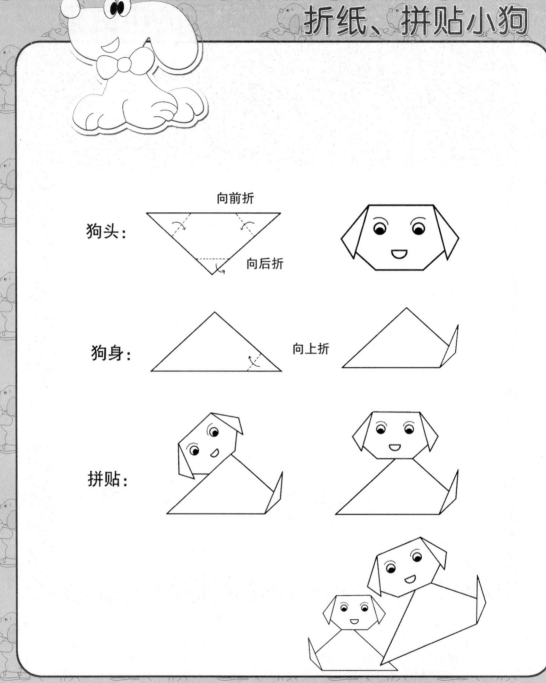

狗头：　向前折　　向后折

狗身：　向上折

拼贴：

准备几张正三角形彩色电光纸，按图示步骤折纸，折好后，把狗头和狗身贴和在一起，再画上眼睛、鼻子，用这种方法可以折贴出许多大小不同的各种颜色小狗。

补画小鸟

这棵树上有许多小鸟，请你再画上一些，并把图中没画完的小鸟补画完整，涂上你喜欢的颜色。

做纸猫

主人家的老鼠太多了，咪咪猫无法对付这帮可恶的家伙。于是，它做了许多纸猫，用来迷惑敌人。你不想帮帮咪咪猫吗？

剪折大公鸡

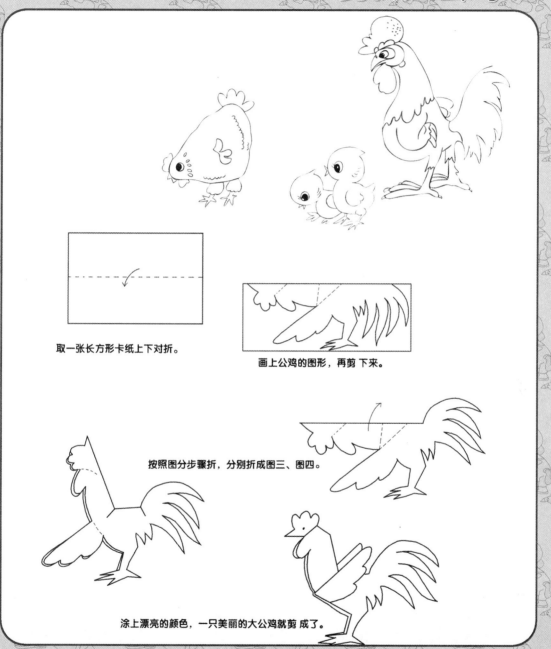

取一张长方形卡纸上下对折。

画上公鸡的图形，再剪下来。

按照图分步骤折，分别折成图三、图四。

涂上漂亮的颜色，一只美丽的大公鸡就剪成了。

剪折一只漂亮的大公鸡使咪咪猫快乐无比。咪咪猫希望小朋友同它一块动手剪折，分享快乐。

好雄伟的一头狮子，可惜没有颜色。请给狮子涂上颜色。

树枝、树叶、松果小人

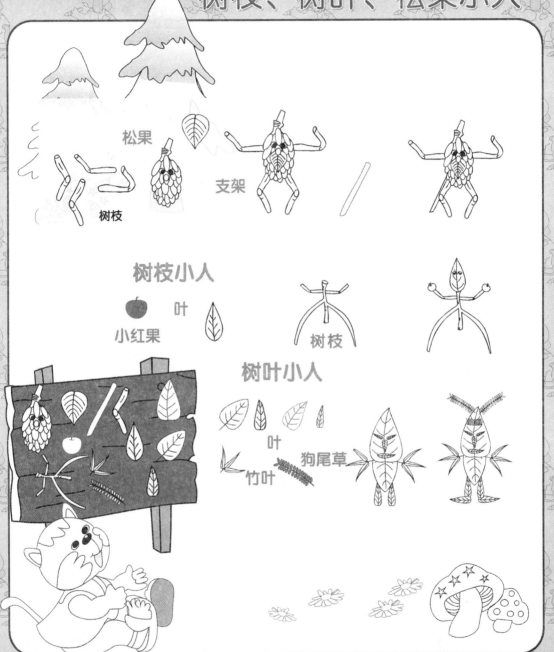

松果

树枝

支架

树枝小人

小红果

叶

树枝

树叶小人

叶

狗尾草

竹叶

咪咪猫和妈妈在山坡、树林玩耍，捡到许多落在地上的树枝树叶和松果，它们用这些东西做出许多好玩的玩具小人，不信，你也学着做做。

铁丝玩具

聪明的咪咪猫用铁丝做的玩具很受朋友们喜欢，它要做许多许多，送给小朋友。咪咪猫是怎样做铁丝玩具的呢？

画小鸟

咪咪猫逮不着小鸟，画只小鸟也能解解馋吧，你看
它画小鸟画得多好哇！喜欢吗？你也学着画画。

捉小偷

　　咪咪猫终于捉住了正在偷东西的小老鼠，它要看看小老鼠的大包里究竟装了些什么东西。让小朋友说出小图中物体的名称，并把这些小图填画在大包上，再涂上相应的颜色。

折青蛙

咪咪猫到河边玩，看见一只蹦蹦跳跳的绿色小青蛙，它想抓只回去玩玩，可惜总也逮不着。只好折了几只纸青蛙，一样可爱好玩。你不想学着折折吗？

折小蝌蚪

别看咪咪猫贪玩，但它很细心，在折大青蛙的同时，还折了几只小蝌蚪。把它们放在一起，就成了一家子了。

咪咪猫能一笔画出许多可爱的动物朋友，你能吗？
赶快试试吧！

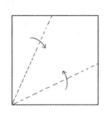

1

2

企鹅一家子

依照图1至图5的方法，折两只大企鹅。再取8张小正方形纸，用同样的方法，折8只小企鹅，然后，将企鹅翅膀、脚粘在硬纸板上，如图6，企鹅一家就折成了。小朋友，在妈妈的帮助下，试着折折玩玩。

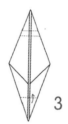

3

4

5

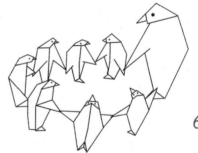

6

咪咪猫没事儿的时候，就喜欢画猫和老鼠，来满足自
己能捕捉到耗子的心理。看它画得多认真，你不想学着画
画吗?

咪咪猫很想得到一辆漂亮的小汽车，可惜太贵了，怎么办呢？如果你能在图中的空白处，画出汽车的另一半，并涂上相应的颜色，那么，你会发现你得到的不是一辆车，而是两辆车。

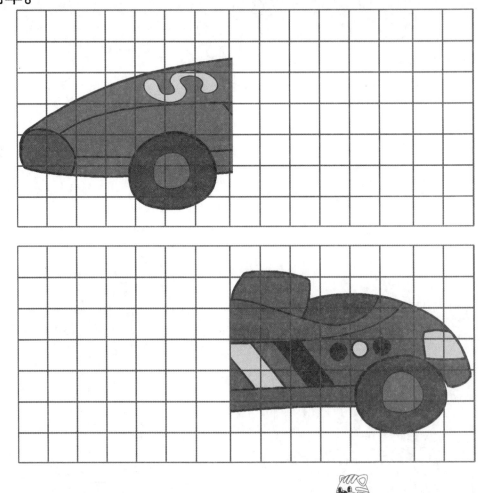

咪咪猫的动物朋友

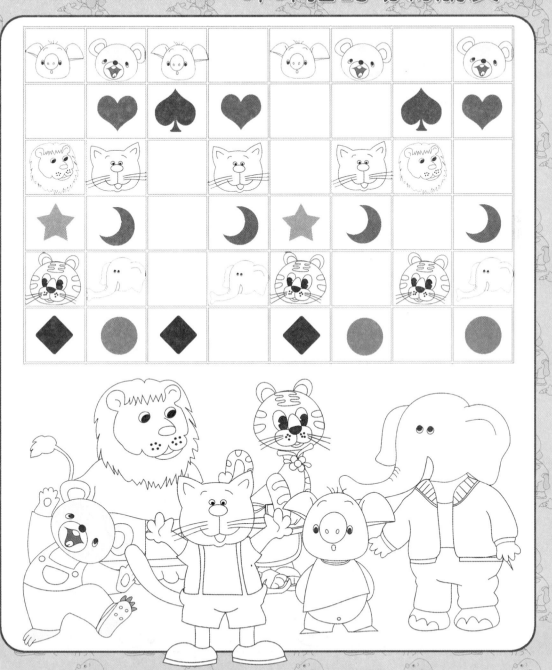

咪咪猫将动物园的动物朋友排列起来，并画上符号。
请你按照图中的排列规律，帮助咪咪猫完成空格中的画。

咪咪猫太爱画画了，它画了在骑滑板车的自己，可惜它忘了给自己涂上颜色，你能帮它涂上颜色吗？

咪咪猫骑大象

咪咪猫坐在大象背上拍了张照片。瞧，多神气！它想复制一张，请你帮它将下图中的虚线画成实线，并涂上颜色。

咪咪猫驾着帆船在海上钓鱼，可是大海少了许多色彩，
请你给帆船、太阳、大海和海中的各种鱼儿涂上美丽的颜色。

它是谁？它在哪里？请你将带点的部分涂上颜色，一只可爱的小动物就会出现在你面前。

　　虽然，咪咪猫不喜欢吃萝卜，但它还是很高兴地接受了
兔子送给它的萝卜礼物，并把它做成一个漂亮的萝卜吊篮。
你不想试试吗？

香蕉帆船

1

2

3

4

5

把香蕉皮穿在筷子上做成帆，把帆插在另一个香蕉上，帆船就做好了。咪咪猫一时高兴，把船送给了它一向不喜欢的老鼠。

草编小兔

　　秋天，在草地上走走，随处都可以采到一把狗尾巴草，用它编一只毛茸茸的小兔玩玩，是十分开心的。请跟着咪咪猫做做玩玩吧。

树叶面具

    "佐罗"突然出现在一群小老鼠跟前，可把小老鼠们吓坏了。原来，是咪咪猫戴了树叶面具装扮的。怎样做树叶面具呢？让咪咪猫告诉你。

做双小拖鞋

1

2

3

4

咪咪猫用树叶做了一双拖鞋，好漂亮呀！你也来做一双吧。

画狮子

咪咪猫喜欢威风的狮子，它总是不厌其烦地画来画去。你不想学着画画吗？

两只咪咪猫

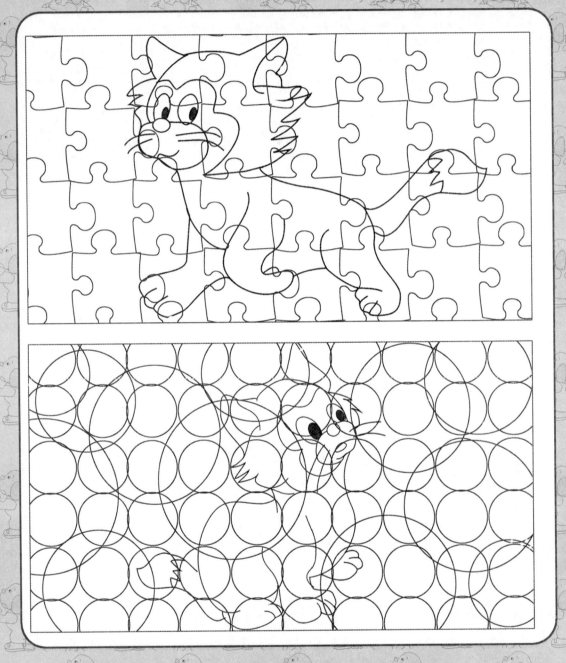

　　如果你想得到两只可爱的咪咪猫，那么，请你把两幅图带点的部分涂上你喜欢的颜色，两只咪咪猫就会立即出现在你面前。

它是谁

头长两棵树，身穿梅花衣，腿儿细又长，常在树林里。它是谁？它是咪咪猫的好朋友。请给图中带点的部分涂上红色，咪咪猫的好朋友就出现了。

咪咪猫种花

　　咪咪猫在花园里种花，它把各种花有规律地种在田格里。可是，谁都有粗心的时候，请你帮咪咪猫给空格里补种上合适的鲜花。

做小房子

材料：正方形图画纸、剪子。

做法：

①把正方形纸折成双三角形，
如图1；

②依虚线剪成"房子"状，
如图2；

③画上不同的房顶、门、窗，
可以出现几种不同花纹的房子，如图3。

1

2

3

咪咪猫为自己做的小房子非常漂亮，你不想学着也
为自己做间小房子吗？

纸卷猫咪

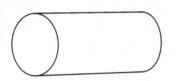 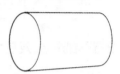

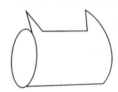

材料：线圈纸芯、胶水、彩笔、剪刀。

1、将纸芯剪成大小两截。

2、在小截纸芯两端剪两个口，做猫耳朵。

3、画上猫眼、鼻、胡须。

4、在大截纸芯一端粘上一条猫尾巴，将猫头
粘在另一端。

　　有时候，咪咪猫独自个儿感到太孤独了。于是，就找来
线圈纸芯，做纸猫咪玩，你看它做得多入神呀。纸猫咪是怎
么做出来的？

会动的小老鼠

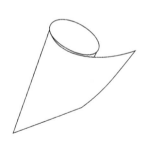

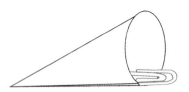
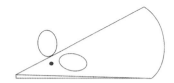

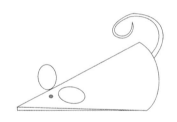

1、用一张灰色或黑色的长方形纸卷成喇叭形。

2、用曲别针夹住下边。

3、在尖的一头贴上耳朵，画上眼睛。

4、再粘上一条长尾巴。

5、把小老鼠放在垫板上，在垫板下移动
磁铁，小老鼠就会动了。

  一只用纸做的小老鼠居然会动，这让咪咪猫十分奇怪。
"它怎么会动呢？" 还是让小老鼠自己说清楚吧。

　　咪咪猫和小狮子一见面就十分亲热，毕竟是一个家族的嘛！这场面被它的好朋友淘气狗拍了下来，咪咪猫想复制一张留作纪念，请你把虚线图描实，并涂上颜色。

鼠灾

粮仓里闹鼠灾，连咪咪猫都对付不了。究竟有多少
老鼠，很难数清。如果给老鼠涂上颜色，就容易多了。

　　咪咪猫喜欢鱼，更喜欢钓鱼、画鱼，你看它画的鱼都是一笔连下来的，真棒！如果你有兴趣，请跟咪咪猫学着画。

咪咪猫的纸卷画

　　咪咪猫喜欢玩卷纸。它把筷子一样粗的纸条卷成各
种几何形状，粘好，放在一边。咪咪猫究竟要干什么呢?
原来它在做卷纸画。

咪咪猫的花裙子

咪咪猫的白裙子虽然很干净，但是缺少图案和色彩，
请你赶快用彩笔给咪咪猫的裙子画上美丽的图案吧。

咪咪猫种的苹果树，怎么不结苹果呀？这让咪咪猫很不开心。如果你能照苹果的样子，在苹果树上画上苹果，那就算帮了咪咪猫的忙了。

小熊的脸

　　咪咪猫为小熊画像，没有一张脸是画完的。你在补画时，可以改变小熊的脸，可以画成伤心的、高兴的、流泪的、生气的样子，你想怎么画就怎么画。

火柴螃蟹

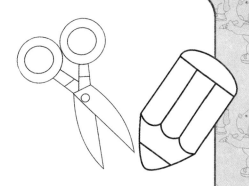

做法：

1、在火柴盒两侧各扎四个小孔。

2、折八根火柴做螃蟹腿，两根截短做眼睛。

3、在彩色纸上画两只螃蟹钳子，并剪下来。

4、把火柴插进火柴盒的孔里，粘上钳子，

螃蟹就做好了。

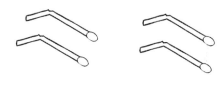

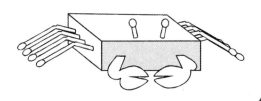

吃不着螃蟹，做一只火柴螃蟹玩玩也好哇！

咪咪猫画了一只可爱的长颈鹿，现在只剩下涂颜色了，它希望有人帮它涂上颜色。你愿意吗？

图示:

1、将长方形的纸分成8份;

2、手风琴似的折成一叠;

3、在最上一层用铅笔画一个跳舞的小人图;

4、用剪刀沿线剪下来;

5、将纸一层层展开,就成了一排
跳舞的小人图案。

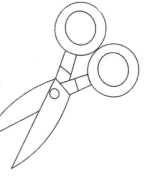

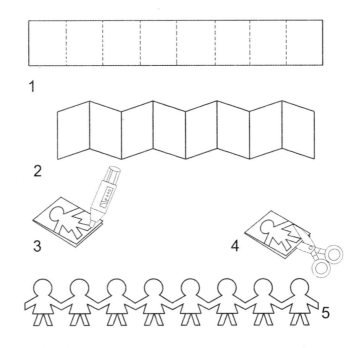

请按图中的顺序要求,折剪跳舞小人。很好玩的,
你一定会喜欢的!

黄瓜鳄鱼

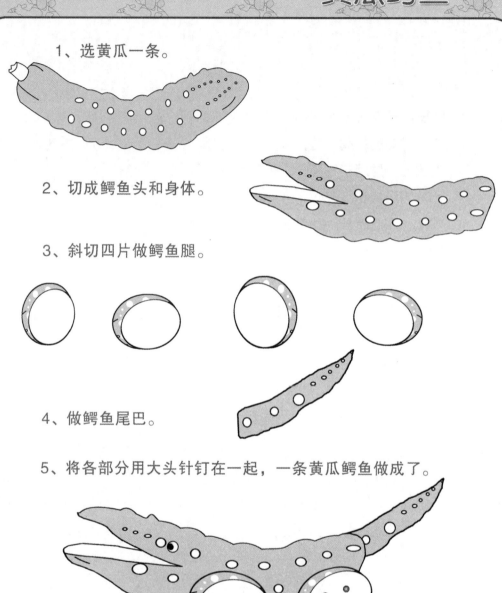

1、选黄瓜一条。

2、切成鳄鱼头和身体。

3、斜切四片做鳄鱼腿。

4、做鳄鱼尾巴。

5、将各部分用大头针钉在一起，一条黄瓜鳄鱼做成了。

　　咪咪猫请笨笨猪做客。它本想给笨笨猪一个惊喜，便用黄瓜做几条鳄鱼，没想到让笨笨猪吓了一跳，后来，"鳄鱼"便成了笨笨猪的美餐。

咪咪猫哪儿去了

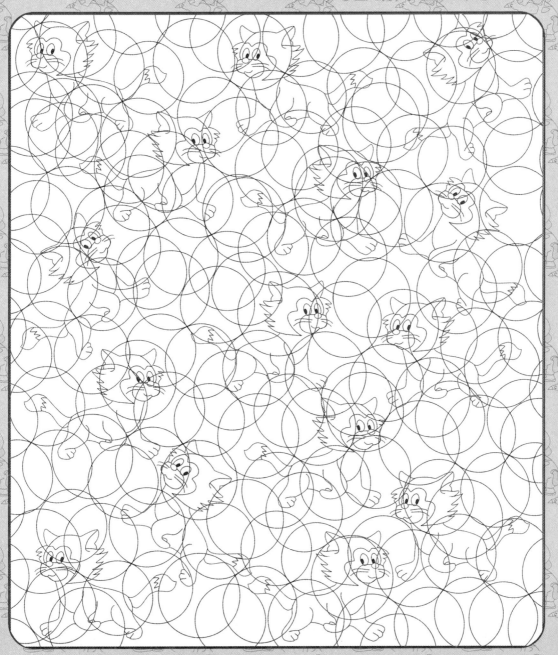

　　咪咪猫中被小精灵施了魔法，一下子变出15只咪咪猫，它们就藏在圈圈里，你找到了吗？找出后，请给它们涂上你喜欢的颜色。

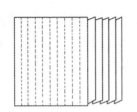
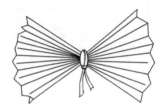
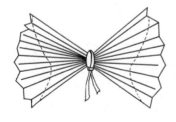

咪咪猫逮不着蝴蝶，自己动手折剪一只纸蝴蝶玩，也不错。

纸杯小船

　　用纸杯做只小船，放在大盆里玩玩，好开心呦！做法很简单，照图做就是了。

眯眯猫捡了许多不同形状的树叶，拼贴出可爱的小鸟，小鸟和自己玩得可开心啦！快来参加吧！

软木塞小动物

1、软木塞

2、彩色纸

3、火柴棍

4、木棒

5、大头针

小狗

小鸭子

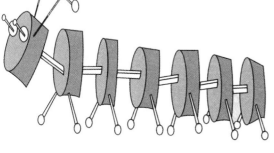

小虫子

小猫

照着图示做做玩玩，多可爱的小动物！

节日里，朋友们聚在一起，开一个化装舞会，是多么快活！

今天咪咪猫的作业是给小狗涂颜色，因为要涂许多，特别需要小朋友帮忙。

用麦秸做眼镜和马

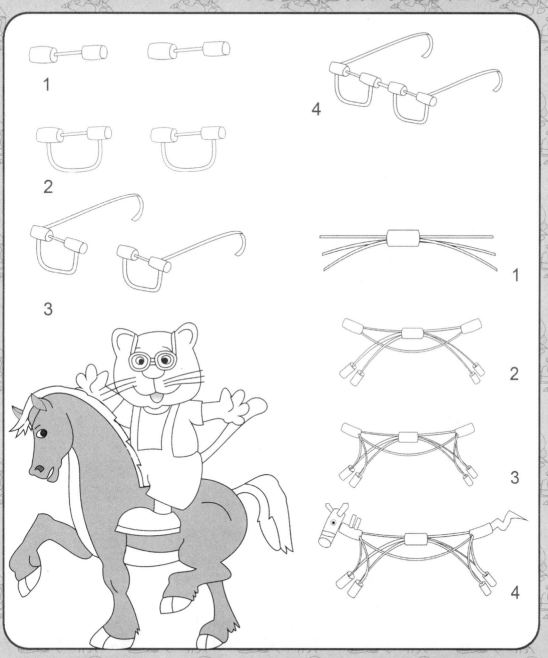

戴上眼镜，骑上马，在草原上奔跑一通，多神气！咪咪猫一想到这儿，开心得不得了，当然，这要到乡下猫那里找点麦秸杆，才能做出眼镜和马哟。

倒霉的一天

乘主人不在家的时候，咪咪猫被一群鸡鸭追得乱跑，
这一天够倒霉的了。请你为这张图涂上颜色。

涂三角形（一）

笨笨熊在图中给三角形涂颜色，涂完后，它惊喜地发现了一个美丽的图形，你也涂一涂，看看发现了什么。

好玩的三角形

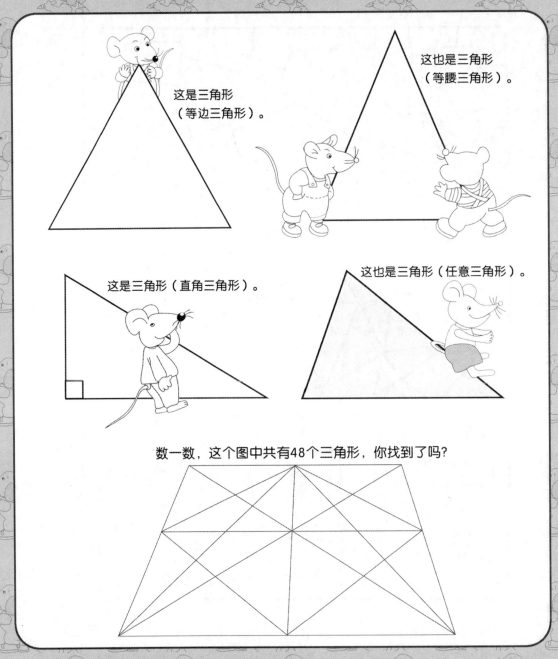

这是三角形
（等边三角形）。

这也是三角形
（等腰三角形）。

这是三角形（直角三角形）。

这也是三角形（任意三角形）。

数一数，这个图中共有48个三角形，你找到了吗？

一群活泼可爱的小老鼠在各种三角形中尽情玩耍，连笨笨熊都羡慕它们。

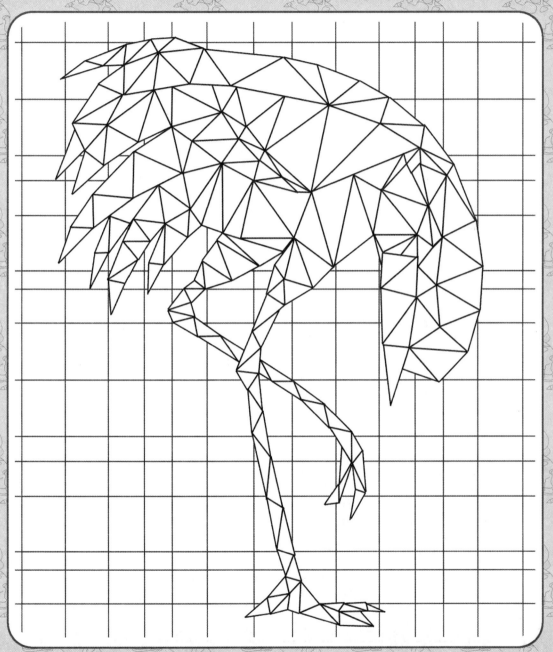

笨笨熊原来做过给三角形涂颜色，它很喜欢。这次它又涂了一张，你也涂一涂，看看能涂出什么动物。

正方形和长方形

笨笨熊家里的东西真多呀！其中有许多东西都是正方形和长方形的，你能找出来吗？

我们也是圆的！

我们算不算圆的？

气球是圆的，皮球是圆的，铁环是圆的……还有什么是圆的？

小朋友，仔细看图，回答笨笨熊提出的问题，谁在山坡上？谁在山坡下？谁坐在滑雪板上？滑雪板下有什么？谁的家在树上？谁的家在树下？

前和后

小朋友们排队等车，以站牌为起点，谁排在最前面？谁排在最后面？从前面数第几个是小老鼠？从后面数，第几个是小老鼠？

P2：冲马桶、煮饭、洗衣服、洗澡……

P3：盖房子、做椅子、造桥梁、
造船、做凳子、做桌子……

P4：做衣服、做窗帘……

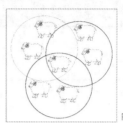

P29：把骨头扔
给小狗。

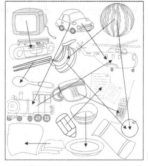

红旗			红玫瑰
红气球			红辣椒
红苹果			红太阳
红灯笼			红毛巾

P41

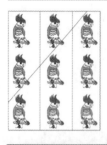  

P43

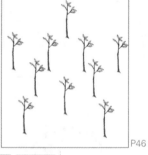

P46

P42：1、取2个5分；
2、取1个5分、5个1分；
3、取4个2分、2个1分；
4、取4个1分、3个2分；
……

P56：1、2、4、5、12、15。

P59

P58：文具类—书包、三角尺、
文具盒、铅笔、
彩笔。
玩具类—气球、积木、
皮球、汽车、
手枪、望远镜。
水果类—苹果、香蕉、
葡萄、菠萝、
梨、桃。

P61：树的年龄是看树墩上的横截面上圈数计算的，
有几个圈就有几岁。树墩的横截面上有7个
圆圈，所以，树的年龄是7岁。

P62：鲸—哺乳动物；海带—海里的植物；
章鱼—八只脚；珊瑚—海底的虫；
海燕—吃海里的小生物。

P63：刺猬一闻到从狐狸身上放出的臭气，就全身
松软，有可能被狐狸吃掉。

P60

P65

狐狸	青蛙	熊	大象	鼠夹	猫头鹰
鹰	公鸡	山羊	燕子	猫	蝙蝠

P67

P66

P70

P72：
1 妈妈胸前的袋子是我的摇篮。
2 我饿了，妈妈摘树叶给我吃。
3 妈妈累了，就用大尾巴支住
　身体休息，就像坐着三角凳
　一样。
4 妈妈带着我跳跃时，大尾巴
　又是身体的平衡器。
5 我们的家乡在澳大利亚。

P73

P74：磁铁、竹竿。

P75：小猫最安全，胖胖猪
最危险。因为树下会遭雷击。

P76：散发热量。

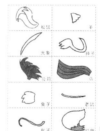
P77

P78：树上所有的果实
应长在地上，地
上所有的水果应
长在树上。

P79

P80

P81

P83

P85

P86

P87：海洋朋友。

P88：因为长颈鹿是哑巴。

P89

P90

P91

P93

P94：大象做 4 只鞋，公鸡做 2 只鞋，螳螂做 6 只鞋，章鱼做 8 只鞋，蜈蚣做 42 只鞋。蜈蚣的鞋最多，公鸡的鞋最少，蛇不需要鞋。

P103：打开锅盖。

P97

P98

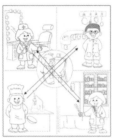
P99

P100

P101

P102

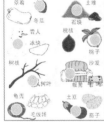
P104

P105

P107：鲸。

P108：应该。

P109：因为乌龟不是哺乳动物。

P106

P112

P110—P111

P113：猪的耳朵长，长颈鹿的脖子长，
大象的鼻子长，山羊的胡子长，
松鼠的尾巴长，仙鹤的腿儿长。

P114

P115

P118

P119

P120

P122

P127

P125

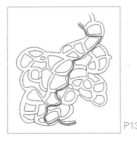
P128：鞋、钥匙、气球、杯、鸽子。

P131

P133

P130

P137：西瓜是C、白菜是B、锅是C。

P134

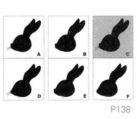
P136

P138

P139

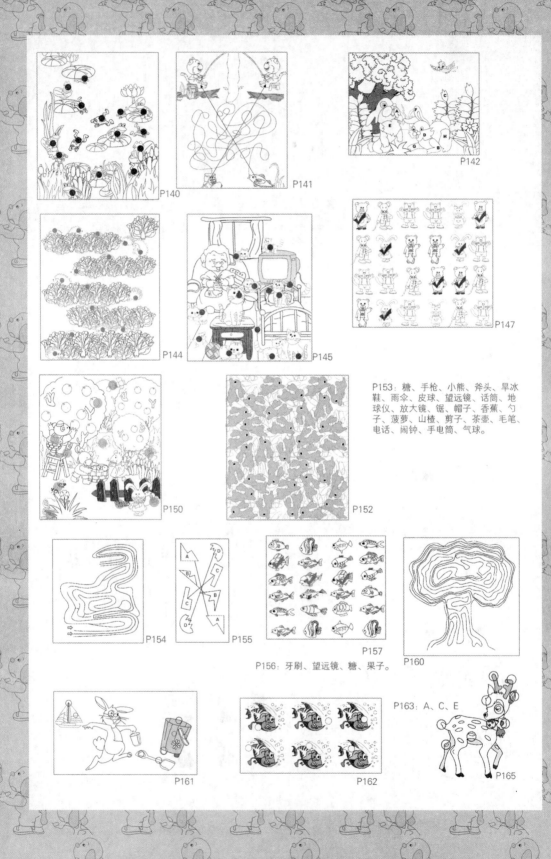

P140

P141

P142

P144

P145

P147

P150

P152

P153：糖、手枪、小熊、斧头、旱冰鞋、雨伞、皮球、望远镜、话筒、地球仪、放大镜、锯、帽子、香蕉、勺子、菠萝、山楂、剪子、茶壶、毛笔、电话、闹钟、手电筒、气球。

P154

P155

P157

P160

P156：牙刷、望远镜、糖、果子。

P161

P162

P163：A、C、E

P165